JN439376

가는개마을의 노래

색깔과 이야기가 있는 가는개 공동체문화마을 시집

도서출판 경남

책을 펴내면서

가는개 공동체문화마을 만들기 3년

첫해는
산업화로 사라진 수많은 쟁이들의 이야기와
용왕샘, 빨래터, 산제터, 쌍무덤, 산탑과 사탑 등
추억과 흔적을 찾아 시를 짓고
'영세불망비永世不忘碑 할매' 설화를 연극무대에 올려
억압과 수탈, 권력에 맞서 노래하는 문화의 씨를 뿌렸습니다.

이듬해는
아이들의 울음소리가 사라진 마을에
떠나간 사람들이 돌아오라는 염원을 담아
마을 입구에 솟대를 세우고
쟁이들의 가난한 숨결을 노래한 시를
벽화로 담벼락에 새기며 옹기전시장, 야외무대를 설치하고
벼락부자 설화 '나붓등' 연극으로 사상누각砂上樓閣 교훈의 노래로
문화의 꽃망울이 영글어가는 모습에 박수갈채를 받았습니다.

올해는

가슴속 곰삭히며 부끄러운 사연, 하고 싶었던 이야기를

희로애락喜怒哀樂의 시를 지어 발표하여

서로 소통하고 이해하는 한 권의 시집을 펴내어

활자 속에 녹아 있는 우리의 삶과 자연을 오래도록 노래하고

처녀바위에 얽힌 설화 '치마 꽃' 연극의 몸짓으로

귀천貴賤 없는 세상, 하늘 아래 모든 사람이 평등함을 노래하며

'색깔과 이야기가 있는 공동체문화마을'로 꽃피우려 합니다.

통영연극예술축제위원회

가는개 공동체문화마을 편집위원 일동

차례

002 책을 펴내면서

제1부 가는개마을의 노래

008 강외선 _ 산딸기
009 구정희 _ 해무海霧 피던 날
012 김부린 _ 꽃, 그냥 보세요/ 어머니/ 이제 나는
018 김성종 _ 귀향의 축제
020 김영희 _ 구슬땀 그리고 산들바람
023 김재선 _ 서랍 정리하다가
024 김종현 _ 노년의 거울
026 박맹연 _ 종가 살이
028 박병주 _ 가난이 무엇인지
030 손수열 _ 돌아온 내 고향
032 손수웅 _ 새 보청기
034 신성안 _ 장남의 자리/ 문화마을/ 5종 건강종합선물
042 신철안 _ 감나무 집 아이
044 윤선지 _ 나의 강아지 땡이/ 감자
048 이덕영 _ 죽다가 살다가
050 이두오 _ 하얀 공기
051 이상권 _ 돼지꿈이나 꾸면서
053 이재근 _ 칭얼거리는 바닷가에서
054 이창돌 _ 서로를 감싸주는 돌담길
056 정성재 _ 빈손에 찬 작은 행복
059 추연선 _ 매화꽃 여인/ 무화과

제2부 가는개마을 쟁이들의 노래

064 김부린 _ 갈대밭과 사라진 삿갓쟁이/ 목화밭에 고구마

068 김순철 _ 가는개 마을

072 김종현 _ 선비정신 양태장인

074 박병주 _ 똥장군과 플라스틱통

075 손수열 _ 기왓장 흔적 보며

076 손수웅 _ 우리 마을 대장간

077 신석주 _ 이급재 쌍무덤

079 신성안 _ 당산제堂山祭 정신으로

080 신정남 _ 돌아오지 않는 옹기쟁이

081 신진섭 _ 사탑死塔과 생탑生塔

085 신철안 _ 불가마 불빛

086 신현욱 _ 그림쟁이 되라고

088 이덕영 _ 나의 아버지 챙이 쟁이

092 이두오 _ 쟁이 마을

094 이상권 _ 용왕龍王샘

096 이장완 _ 목화와 솜털집

098 이장윤 _ 행복 파는 부자마을로

100 이한갑 _ 가난한 가슴의 숨결

103 정성재 _ 소달구지 추억

105 최영자 _ 우리 마을 빨래터

108 추연선 _ 나붓등, 금궤金櫃 그리고 비석碑石

가는개마을의 노래

산딸기

강외선

무더운 여름날,
산길에서 잘 익은 산딸기를 만난
달콤한 추억이 있으리라.

추억의 산딸기, 신토불이身土不二 차원에서
우리 마을 우리 밭에서 농사짓는다.

딸기는 풀이며 고향도 아메리카지만,
산딸기는 나무고, 고향도 바로 우리 땅이다.

몸에 좋아 먹고 오줌을 누면
오강이 뒤집어 진다는 뜻을 지닌 복분자覆盆子
한방韓方은 산딸기나 복분자를 달리 구분하지 않고
복분자, 복분이라는 생약명으로 쓴다.

우리의 산딸기
먼 산길이 아니라도
우리 마을 우리 밭에서 만날 수 있다.

해무海霧 피던 날

구정희

새벽 공기 마시며 걷는 바닷길
해무가 수묵화 되어 피어오른다.

실바람은 먼 섬에서 머물고
포구의 고깃배들은 안개 속에
아이처럼 단잠에 빠져 있다.

해무에 감싸여
소녀처럼 민낯을 가리고
그림 속 주인공 되어 사색에 잠긴다.

도심을 뒤로하고
조용히 살고파서 찾아온 갯마을
낭만이 아닌 삶의 현장이다.

샛바람, 아침 햇살에 사라지는 해무
만선의 꿈을 안고 통통거리며 물살을 헤치고
먼 바다로 향하는 고깃배를 보며
안개 걷힌 귀촌의 일상으로 돌아간다.

꽃, 그냥 보세요 외 2

김부린

나는 꽃하고 어울리지 않는
할배지만, 참으로 꽃을 좋아한다.

마당 가득히 화분에 담겨 있는
수십 종의 꽃들을 보고 있으면
이 세상 어떤 것도
이러한 행복을 만들지는 못할 것이다.

꽃씨를 심어놓고
매일같이 들여다보고 풀도 뽑아주며
꽃 피울 때를 생각하며
왠지 모를 기대감에 부풀어 행복감에 빠져 든다.

꽃들이 만개한 화창한 봄날
나만 보기가 아까워 대문을 열어놓으면
길 가던 사람들이 농원인 줄 알고 들어와
감탄하며 파는 거냐고 묻는다.

'파는 건 아니고요, 그냥 구경만 하세요' 하면
의아스런 눈빛으로 나를 본다.

돈이면 모든 것을 살 수 있는 세상이지만
나의 아름다운 꽃들은 팔 수가 없다.
꽃나무들은 나의 자식과 같기 때문이다.

어머니

병약한 아버지와 함께 8남매를
힘겹게 기르시고 연약한 몸이지만
힘든 농사일도 억척이던 어머니

찬 따로 밥 따로 비벼 먹지 않고
집안 가구 하나 물건의 정리정돈
매사에 정갈하던 어머니

6·25 전쟁, 전장에 나간 장남의
전사 소식에 초상 치르고
통지서 받고 또 한 번 초상
유골함 도착으로 또 초상
세 차례 초상에 아들을 가슴에 묻은 어머니

천 갈래 만 갈래 찢어지는 가슴 안고
눈물도 메마른 오랜 세월
그 많은 농토는 잡초만 무성하여
가난만 물려준 어머니
가난이 싫어서 미워하고 원망하며

건축 사업으로 승승장구하던 나날
문득 문득 떠올랐던 어머니

정갈한 핏줄기는 뼛속 깊이 남아
건축 입찰에 대쪽 같은 성격으로
구조적 모순矛盾의 사업을 접고서
칠순의 나이에 다시금 생각나는 어머니

이제 나는

군 입대, 신병훈련을 마치고
포병병과로 포병학교로 갔다.
단순명료하게 가르치는 수학數學은
학구열에 불타는 나의 머리에 속속 들어왔고
다들 어렵다는 미적분微積分도 쉽게 풀어 교관의 칭찬 속에
포병학교를 2등으로 수료했다.

자대에 배치되어 종합전투훈련 때
내가 속한 포병부대가 우수부대로 표상을 받아
포사격을 정확히 조준한 내게도 포상휴가가 내려졌는데
휴가 소식을 전해들은 부대원들의 부러운 눈빛이
부담스러워 휴가를 다른 대원에게 양보하니
인기도 높아지고 공동체의 분위기도 좋아지는 가운데
수학공부도 게을리 하지 않았다.

군복무를 마치고 그간 수학공부를 바탕으로
건축, 토목 4개의 자격증을 취득하여
건축업에 종사하면서 건축사업가로 승승장구하다가
관급공사의 구조적 모순에 타협하지 못하고 사업을 접고
개인의 이익보다는 마을 공동체의 풍요한 삶을 살기 위해
마을 사람들과 어울려 '문화마을' 만들기에 정열을 쏟고 있다.

귀향의 축제

김성종

창가에 비친 달
달은 나의 눈 맞춤에 머물고
달그림자는 이따금 불어오는 바람에
너울너울 춤추는 한 폭의 풍경화

턱을 괴며 넋을 잃고 바라본다.

푸른 세월 타지에서 다 보내고
세상과 씨름 하다 쉬고 싶어
머리에 서리꽃이 필 무렵 찾아온 고향
시골 언덕에 새둥지를 틀었다.

도시는 역동적 삶이 샘솟고
시골은 고여 있는 물 같아서
재미가 없다고들 하지만.

눈을 돌려 사방을 바라보면
풀과 나무들의 초록의 숨결
들꽃은 계절 따라 다른 색깔과 향기
구름 조각은 파란 하늘에 떠가고
햇살에 반짝이는 바다는 은빛 금빛으로
자연이 준 향연이며 축제의 공간이다.

자연의 조화가 만들어낸
축제의 공간, 고향에서
사춘기의 소년처럼 할멈의 손을 잡고
날마다 펼쳐지는 축제의 밤을 즐기고 있다.

구슬땀 그리고 산들바람

김영희

고구마 심기 위해 밭고랑 치는 날
오뉴월 땡볕에 흐르는 구슬땀은
목을 타고 가슴을 적신다.

거제, 대농大農의 집안에 태어나
농사는 삯꾼들 덕으로 쳐다만 보고 자랐고
시집와서 공직자 남편 따라 부산, 도심에 살다가
남편의 정년으로 돌아온 시댁, '가는개' 는
땀에 젖은 나날이다.

지금은 텃밭 수준이지만
술을 즐기며 꽃나무 심기를 좋아했던
시아버지를 뒤로하고 그 많던 농사일 혼자서
비지땀에 흠뻑 젖던 시어머니를 생각하면
나의 구슬땀은 사치스럽기도 하다.

허리 펴 어깻죽지 돌리고 하늘을 보며
옷깃을 파고드는 초여름 산들바람
귀여운 손주 얼굴마저 잊게 한다.

손주 보러 부산 가는 날
고구마 보자기에 산들바람 담아서
도심都心보다는 농심農心이라고, 손주에게 전하자

서랍 정리하다가

김재선

서랍 정리하다가 통장을 꺼내본다.
자식들이 보낸 매달 정성 담긴 금액들
눈가에 이슬이 맺힌다.

대학공부는 농사로도
어렵게 마칠 수 있었지만
결혼 비용이 만만치 않아서
오랜 직장생활을 해야만 했는데
말이 좋아 직장이지, 복지단체 식당일은
보통 신경이 쓰이는 일이 아니다.

어려운 처지를 도운다는 보람보다는
장애우를 대하는 말마디 조심스러워 신경 쓰며
묵묵히 다녔지만 쉬운 일은 아니었다.

이제는 자식들이 자리 잡아
소리 없이 찍히는 통장의 숫자에
직장을 접고 숙명처럼 다져온 텃밭을 가꾸며
힘겨웠던 지난날을 쓸어내린다.

노년의 거울

김종현

거울을 바라보는 노년의 모습은
질곡의 세월 따라 주름진 얼굴
여과 없이 투영되는 자연의 형상이다.

살아온 세월 모두가
그리움이요, 아쉬움이지만
자식은 둥지를 떠나고 내자만 남아도
건강에 큰 불편 없으니 행복하다.

사람은 누구나
나이가 들면 늙기 마련이고 늙어가는 사람만큼
인생을 사랑하는 사람은 없다 했는데
유리거울은 늙은이의 마음을 비춰주지 못한다.

노년의 아름다움은
용모와 부富와 명예名譽도 아니고
초월함에서 오는 여유가 아닐까.

나의 거울은
자연과 사람들 속에서 비춰보고
노년의 여유와 즐거움을 찾는다.

종가 살이

박맹연

꽃다운 젊은 나이에
차남이라 시집왔건만
팔자에 없는 종가 살이 웬 말인가

정초, 한식, 단오, 추석 사명절
제사, 생일 일 년에 사십여 분 상차림
종가 살이 하느라
명절 때 친정 한 번 못 가봤네.

50여 년 종가 살이
늦게나마 종손에게 물려주니
아쉬움만 남는구나.

가난이 무엇인지

박병주

가난이 무엇인지
마을길을 걷다가 은계나무를 지나다보면 지난 시절이 떠오른다.

가난이 무엇인지
철없는 어린 마음에 먹을 것은 없고 배가 너무 고파 남의 집 개복숭아를 따다가 주인에게 들켜서 하루 종일 은계나무에 묶여 가시에 찔려 따갑고 아프게 시달린 그날이 나의 생일날이었다.

가난이 무엇인지
아버지는 머슴살이와 날품 팔았는데 주인집에서 먹는 밥을 얻어먹을 요량으로 나는 따라다녔다. 그러나 식사 때 먹는 밥은 한 그릇이다 그 밥 한 그릇을 다 먹어도 모자라는 밥을 몇 숟가락 뜨고 나에게 내어주고 눈물 짓던 아버지다.

가난이 무엇인지
초등학교는 돈이 없어 11살에 겨우 입학해도 월사금을 못 내어 한 주에 두세 번은 쫓겨 오고 공책 살 돈이 없어 숙제를 못해 가면 벌서며 헌책 사서 공부하다 학기가 바뀌면 책 내용이 바뀌어 벌서고 학교는 공부보다는 벌서는 곳이었다.

가난이 무엇인지

어머니는 학교길 자갈밭에 찢어진 고무신 벗어들고 들어오면 바늘로 꿰매어 주며 신발, 옷 살 돈이 없어 남루한 차림에 사람 취급 못 받아 울고 울면서 겨울에는 솔방울과 갈비를, 봄에는 나물 캐어 장에 내다 팔아도 굶는 것을 밥 먹듯이 했고 쌀 한 되 구하기가 하늘의 별 따기였다.

가난이 무엇인지

그래도 세월은 흐르고 어떻게 하면 나도 잘살 수 있을까, 생각 끝에 빚을 내어 땅을 샀다. 땡전 일 푼도 없는 놈이 남의 빚으로 쓸모없는 땅을 샀다는 빈축과 손가락질을 받는 가운데 평수가 많은 그린벨트 땅과 내가 산 땅, 일부와 교환하면서 그때부터 가난이 무엇인지 서서히 풀리기 시작했다.

가난이 무엇인지

이를 악물고 벗어나려고 피눈물 나는 노력과 온갖 일을 다 하면서 악착같이 살았지만 땅은 세월이 지나 그린벨트가 해제되고 이제는 거액의 돈으로 사려고 사람들이 찾아온다. 비록 아들은 오토바이 사고로 1급 장애 판정을 받았고 지금은 가난에서 벗어났다.

이제는 부자가 무엇이고, 가난이 무엇인지도 모르던 어린시절, 은계나무에 묶여 가시에 시달리던 생일날의 기억을 버리지 못하고 사람이 무엇인지 고민하며 살고 있다.

돌아온 내 고향

손수열

산자락 병풍 되어 호수 같은 바다
자욱한 아침 안개는 한 폭의 그림
계절마다 새롭게 펼치는 풍경화
살아 숨 쉬는 그림 전시장
내 고향, 산양읍 가는개

20여 년 떠나 돌아온 고향 땅
그때는 왜 몰랐을까
집들이야 변했지만
지겹도록 보아온 산과 바다는 그대로인데
정년으로 눈을 떴나, 마음이 열렸나

돌아온 고향에서
조그만 텃밭에 땀방울 흘리고
멧돼지 출현에 아내는 겁먹어도
딸 시집보내고 손자 본
어머니 품속 같은 내 고향

산천은 변함없고
바다는 비에 젖지 않는다 했던가.
정년의 허전함을 넉넉히 채워주는 내 고향 가는개

새 보청기

손수웅

마누라가 새 보청기를 사와서
독일제고 좋은 거라 항상 끼고 다니며
못 들은 척하지 마란다.

여보, 마누라!
애써 사온 새 보청기 고맙기도 하지만은
지금 끼고 있는 것도 불편함은 없소.

뜻대로 행하여도 도리에
어긋나지 않는 종심從心의 나이라
사사건건 다 알아들을 필요 없고
귀 어두우니 말(言)수 적고, 잔소리도 없으니 얼마나 좋소.

새 보청기 서랍 속에 넣어두고
늘 그렇게 살아왔듯이
이런저런 쑥떡 소리 입 안에 잠재우며
어려운 일 있다 해도 내색 말고
맺힌 마음 있거든 모두 모두 잊고서
밝은 미소, 맑은 눈빛, 넓은 가슴으로 살다가오.

장남의 자리 외 2

신성안

장남의 자리는 힘든 자리다
숨을 수도, 도망갈 수도 없는 숙명의 자리이기에
"왜 나는 장남으로 태어났을까!"
스스로에게 가장 많은 질문을 던지며 살아왔다.

집안의 모든 현실과 고통을
두 어깨로 지고 가는 외로운 길에
겉으로 웃지만 속으로 눈물을 삼키는
절대 고독의 존재, 장남의 자리다.

제사라는 굴레를 아내에게 씌우고
생계능력을 상실한 부모님을 모셔왔고
7남매의 장남으로 동생들을 보듬고
'가지 많은 나무에 바람 잘 날 없다' 든
부모님의 말을 되새기며 살았다.

도망치고 싶었던 그 자리를
나의 장남에게 대물림하며
며느리와 손주와 함께
3대가 한 지붕에 살아가고 있다.

요즘 같은 세상에 장남의 자리에
묵묵히 함께 걸어온 아내와 며느리가
그저 미안하고 고마운 마음이 무겁기만 하다.

643-0300
색깔과 이야기가 있는
가늘개
공동체 문화 마을

19

문화마을

자신 생각 이야기를 가진 사람 누구나가
시인 되고 문학가와 예술가가 될 수 있는
희망으로 시작하여 사주팔자 없는몸짓
시도 짓고 연극무대 조명받아 배우 되네

쟁이마을 이야기를 마을 담벽 시벽화로
오고 가는 사람들에 자랑거리 제공하고
시집 발간 활자 속에 영원무궁 살아있는
우리 마을 쟁이마을 문화마을 녹색마을

5종 건강종합선물

우리 마을은 건강한 어르신들이 장수하고 있어 몇 해 전 건강장수마을로 지정되었다.

그 배경에는 예술과 문화를 즐기는 낙천적 사고, 청정한 자연환경의 요건도 있지만, 마을 특산품이고 자랑인 5종의 토종과일 매실, 오디, 산딸기(覆盆子), 무화과, 비파가 장수의 비결이 아닐까 생각한다.

남해안 청정지역 땅이 황토라서 각종 유효한 성분이 많이 들어있고 거기에 해풍을 맞고 자란 과일은 당도도 좋고 병충해에도 강한 무공해 한약제로 쓰이는 순수 우리 과일이기 때문이다.

매실은 해독작용, 간 기능, 설사 · 기침 · 소갈消渴과 체질개선에 탁월한 효과가 있고 매실주는 가정의 상비약이기도 하다.

오디는 모세혈관을 튼튼하게 하며 혈당을 낮추고 당뇨와 관절을 보호하고 눈과 귀가 밝아지고 피부미용과 노화방지에 으뜸이다.

산딸기(복분자)는 몸에 좋아 먹고 오줌을 누면 오강이 뒤집어 진다는 뜻을 지닌 복분자覆盆子 혈액순환, 피부미용, 피로회복 남성정력제로 비아그라가 따로 없다 한다.

무화과는 3항 작용으로 항산화, 항균, 항염증 대장암과 고혈압 예방, 변비 해소 등 말린 것은 최고의 술안주이다.

비파는 각종 암 복수, 각종 출혈 신장염, 고혈압, 방광염, 이뇨, 천식, 간염, 황달, 수종에 효험, 효능이 있어 만병통치약이다.

건강장수마을 지정은 우연이 아니고 필연이라 자랑과 긍지로 비만과 성인병과 가공식품에 찌든 사람들에게 5종 **건강종합선물**을 실비로 드리고 싶다.

감나무 집 아이

신철안

감나무 집에서 성장한 아이는
고향을 떠나 오랜 세월 타지에서
공직생활의 흔적을 남기고 순수純粹에 대한 열망을 찾아
감나무 집으로 이방인 되어 돌아왔다.

아이의 아버지는
아이가 알지 못하는 외로움과 술에 젖어
농사일로 지친 어머니와 아이를 힘들게 했지만
꽃과 나무심기를 좋아했던 아버지는
아이가 태어나기 전, 감나무를 집 마당 여기저기 심어놓았다.

먹거리가 귀한 시절
봄바람에 떨어진 감꽃을 주워 먹고
가을 햇살에 감이 누렇게 익어갈 무렵이면
감서리로 아슬하고 두근거렸던 감나무 이야기는
마을 사람들의 동심이 열리는 추억나무이다.

마을 사람들은
꽃과 나무를 좋아했던
아버지를 따라 하나, 둘 감나무 접을 붙이며
지금은 온 마을이 과실수로 넘쳐난다는 사람들의 자랑에
감나무 집 아이는 가슴속 이방異邦을 털어낸다.

감나무 집 아이는
외로움을 술로 달래던 아버지의 기억을
바람에 날리는 감꽃에 실어 보내고
못 다한 이야기는 감나무에 매달아 속삭이며
텃밭을 일구며 귀촌의 쓸쓸함에 젖어
색소폰과 테니스를 즐기며 칠순을 살고 있다.

나의 강아지 땡이 외 1

윤선지

길을 걷는다.
강아지 한 마리가 나를 본다.
측은한 눈빛, 불쌍해 보인다.

따라오며 바지, 가랑이를 문다.
주위를 둘러봐도 아무도 없다.
아마도 누군가 버린 것 같다.

생명을 버린
개보다 못한 세상이다
한숨지으며 집으로 데리고 왔다.

'땡' 이라 이름 지어 불러주고
4년의 세월 동안 정이 들었다.

장화 신고 밭에 갈 채비를 하면
먼저 밭에 가서 기다린다.

평상복으로 마을회관에 갈 요량이면
마을회관으로 먼저 달려간다.

머리 빗고 곱게 단장하면
외출할 것을 미리 알고
문밖으로 나와 꼬리치다가
저만치 고갯길에서 다시 집으로 돌아간다.

땡이와 나는 말없이도 통하는 연인이 되었다.

감 자

올봄에도 어김없이
얼었던 땅을 갈아서
이랑을 만들어 비닐을 씌우고
먹고 남은 받은 종자와
종묘상에서 사온 싹 틔운 감자를 심으면서
꽃샘추위가 오지 않아야 할 텐데.
서리라도 맞으면 안 될 텐데
걱정하는 마음 태산 같다.

봄의 꽃샘추위 이겨내고
씩씩하게 잘 자라 준 감자
감자 꽃이 활짝 피고 잎이 얼마나 푸르고 굵은지
올해도 예년처럼 감자수확을 기대해본다.

드디어 수확하는 날
감자 순을 뽑고, 비닐도 걷어내고
기대 반, 설렘 반으로
마치 땅속에 보물을 캐듯이
땅속 여기저기 감자를 찾아 캐는데

사다가 심은 곳은 알차게 주렁주렁 딸려오고
받아 심은 곳은 몇 톨씩 낱알만 딸려온다.

해마다 이런 일은 없었는데
농촌지도소에 물어보니
알아들 수 없는 기후변화라고 만 한다.
내년에는 받아서 심어야 할지
사다가 심어야 할지 걱정이다.

죽다가 살다가

이덕영

나는 5번 죽을 고비를 넘기고 살고 있다.

젊은 날 오토바이에 몸을 실어
세포고개를 오르는데
대로변 차량의 불빛에 시야가 가리어
달리는 차량에 오토바이를 처박고 고관절 수술로
그때부터 한쪽 다리가 짧아 기뚱거리며 다닌다.

또 한 번은
밭에 거름 주기 위해 시내에서 똥을 퍼서
리어카에 똥장군 여러 개를 싣고 세포고개를 내려오는데
똥장군이 서로 부딪쳐 터져 똥물을 뒤집어쓰고
온몸과 얼굴에 똥 범벅 되어 고갯길 아래로 구르다 살아났다.

그리고 또 한 번
통발상고선을 타고 흑산도 가는 밤바다에
갑자기 쏟아지는 빗줄기와 뇌성 치고 세찬 바람과 함께
산더미 같은 파도를 타고 하늘로 치솟았다가 아래로 곤두박질할 무렵
지나는 상선 철판에 부딪혀 물에 젖은 오리처럼 살아났다.

그러고 세월이 지나 오토바이를 타고
충무대교 오르막길을 오를 때 주차해 있던 차를
처박은 차와 충돌하여 오토바이와 함께
공중을 날아 해안도로에 떨어져 정신을 잃고
깨어 보니 적십자병원이다.

그러고 어느 날
돌망치로 벽을 깨다가 돌이 튀어 눈을 다쳤다
제법 큰 돌이라 실명할 걱정하고 있는데
지나가는 무당이 빌어야 한다고 했지만
빌지도 병원도 가지 않았다. 나는 슈퍼맨이기 때문에

이렇게 나는 죽다, 살다 하면서
도둑질 빼고는 다 하고 살아온 나의 삶에 자부심을 느끼며
오늘도 육순의 나이에 오토바이를 타고
산불감시요원으로 마을을 돌며 산길을 달린다.

하얀 공기

이두오

서울 도심의 검은 공기와 회색의 공간에 시달리다가
정년으로 답답한 넥타이를 풀어버리고
아내와 의논하여 고향 통영으로 내려와
하얀 공기를 찾아 정착한 곳이 '가는개' 녹색마을

흙이라고는 만져본 일이 없는 아내와 나
귀촌의 들뜬 마음에 마련한 농지를 가꾸느라
파김치가 되어도 소득은 김치 값도 안 된다.

조용히 살고파서 시골을 동경해 왔는데
밤이면 적막을 탈출하여 차를 몰아
시내 친구들과 어울려 한잔하고 오는 날이면
말없이 홀로 기다리는 아내의 눈치가 보인다.

아침에 일어나면 시골 햇살에 녹아 있는
공기 맛은 도심의 검은 공기에 비할까

'하나님 사랑 말고는 세상에 공짜가 없다' 했는데
하얀 공기를 마시기 위해 대가를 치른다 생각하니
몸도 마음도 하얗게 가벼워진다.

돼지꿈이나 꾸면서

이상권

가을걷이가 한창인 늦가을
경운기를 몰고 마을길을 달리던 날
길옆에서 멧돼지가 갑자기 튀어나온다.

순간 아찔하다.
그냥 박아 버릴까, 그건 아니지
머뭇대는 순간, 어느새 경운기는 돌담을 처박고
나는 돌담에 내동댕이쳐 엉덩방아를 찍었다.

일 년간 꼼짝없는 병원 신세에
농사는 말할 것도 없고 통증이 일 때면
그놈의 멧돼지, 때려죽이고 싶도록 미워진다.

아~ 미워하지 말자

꿈에 위험에 처한 돼지를 살려주면
행운이 이중으로 오고 모든 일이 순조롭게 풀린다는데
돼지꿈이나 꾸면서 행운을 기대해보자.

칭얼거리는 바닷가에서

이재근

바다는 부자다
하늘도, 배도, 고기도, 갈매기도
가지고 있다.

그럼에도 무엇이 부족한지
날마다 칭얼거리며 출렁이고 있다.

바다처럼은 아니더라도
문어 배와 작은 농지 정도는
가지고 싶었는데
세월 따라 나이만 들었다.

가슴속 꿈틀대는
문어 잡이 꿈만 남긴 채
농지의 소망도 나이도 바다에 버리고
칭얼거리지 않고 조용히 살리라

가진 자가 더 가지려 우는 세상이니까.

서로를 감싸주는 돌담길

이창돌

하늘이 주신 돌들
하나, 둘 모아서 쉬엄쉬엄 만든 돌담길
투박하고 무거운 돌들이
서로 엉키어 감싸주는 돌담길

시대가 변하고
담벼락은 싸늘한 시멘트 잿빛으로 변해 가지만

돌아가는 돌담길
담쟁이넝쿨이 넘나들고
벌 나비 춤추는 돌담에 야생화 피어난다.

대리석도 아니고 보석처럼 빛나지도 않아도
저마다 모양은 다르지만 얽히고설켜
서로가 서로를 감싸주는 돌담길

이것이 돌담의 마음이요 길이며
나의 마음이기도 하다.

빈손에 찬 작은 행복

정성재

숟가락 몽둥이 하나 없이
빈손으로 시작한 신혼 시절
겨우 잠만 잘 수 있는 단칸 셋방
부엌이 없어 마당에다 솥단지 걸어놓고
땔감이라야 쓰레기와 종이 부스러기다.

비 오는 날이면 거적으로 하늘을 가렸지만
들이치는 비, 아궁이에 연기만 솟아나고
시리고 따가운 눈가에 눈물이 앞을 가리는
한치 앞도 볼 수 없는 신접의 나날이었다.

눈앞이 아무리 캄캄하여도
그대로 있을 수 없어 빚을 내어
남편이 가진 기술 이발소를 차렸는데
장발머리 유행으로 신나는 뒷바라지도 잠시였다.

또다시 어려운 살림살이
건어물 보따리 이고 지고 산을 넘고 재를 넘어
이 마을 저 마을 도붓장사로 전전긍긍하다가

남편 사장 모시고 벽돌공장 차려 경리와 잡부로
일하면서 벽돌 쌓듯 차곡차곡 빈손을 가득 채웠다.

최고 학력 마친 공직의 자식들
이제는 정리하고 편한 세상 살라는데
언젠가는 빈손 들고 가겠지만 빈손으로 모은 재산
육순의 작은 행복 누리려 아직은 움켜쥐고 있다.

매화꽃 여인 외 1

추연선

마을 문화공동체 만들기
문학 선생은 나더러 매실 아줌마라고 부른다.
이왕이면 세련되게 매화꽃이라 부르면 누가 뭐래나
꽃다운 나이에 맏며느리로 촌으로 시집와서
늙어가는 것도 서러운데 촌빨 나게 말이다.
허기야 매실처럼 오목조목 예쁜 구석이 있고
매실농사도 많이 한다.

하지만 꼭 그런 뜻만은 아니란다.

매화나무는 이른 봄 잎보다 꽃이 먼저 피어
하얀 꽃, 연분홍 꽃으로 향기가 그윽하여
사람들의 마음을 기분 좋게 만들고
매실은 술을 빚어 식전에 마시면 입맛이 돌고
식후에 마시면 소화가 잘되어 피로 회복과
설사 · 기침 · 소갈消渴에 한약재 같은 아줌마란다.

마을이장 남편을 도와
마을의 대소사에 팔 걷어붙이며
7남매의 맏며느리로 시부모를 모시고
시누이 시동생들 뒷바라지 아들 며느리 손자와
4대가 한집에 살아온 이야기를 보고 듣고 알기에
매실처럼 삭히며 살아온 삶의 별명으로
'매실 아줌마' 하고 부르고 싶단다.

들농사는 남이 안다 했던가.
알아주니 고맙고 기분은 좋은데
그래도 여자인데 '매화꽃 여인'이라 불러주면 좋겠다.

무화과

한 송이로
피어나기 너무 많아
차라리
꽃받침 둘러쓰고
열매 되어 봉지 속에
속삭이며 함께 피는 꽃

온몸에
향기 가득 안고
아름다움도 감춰버린
상생相生의 거룩함이여!

가는개마을 쟁이들의 노래

갈대밭과 사라진 삿갓쟁이 외 1

김부린

갈대와 함께 철새도 사라진 옛 갈대밭 길
졸부들의 욕심과 무지한 관료의 야합에
온갖 쓰레기와 굴 껍데기 매립으로 벌거벗은 땅
한숨이 나온다.

어릴 적, 거닐고 뛰놀던
가느다란 초록바다, 파란하늘
바람에 끝없이 출렁이던 그 갈대밭
고둥 줍고 붕어와 민물장어 잡던 추억
갈대 엮어 삿갓, 돗자리 만들던 삿갓쟁이
배 영감님 모습이 떠오른다.

통영, 부잣집에선 영감이 만든
돗자리나 삿갓이 없으면 부자행사를 못했다는
농이 날 정도로 솜씨는 대단했다.

사라진 갈대와 함께 삿갓쟁이 손재주도 멈춰버리고
즐겨 피우던 담배는 가슴만 타들어갔다.

밥 먹는 시간과 잠자는 시간을 빼고 나면
긴 담뱃대 물어 하염없이 뿜어내는 담배연기에.
때때로 마을 사람들은 지금, 피울까 안 피울까
내기할 정도로 긴 세월 왕 골초로 변하여 담배연기 따라
하늘로 사려져간 대쪽 같은 영감님이 그리워진다.

목화밭에 고구마

일제강점기
강제공출이 극에 달했을 때

가는개 사람들은 목화밭에
면화를 심어봐야 공출될 게 빤하여 고구마를 심었다.

공출을 담당하는
면작(목화)계 직원이 나와
면화를 심지 않고 고구마를 심었다고
화를 참지 못하고 고구마 밭을
군홧발로 짓밟아 갈아엎어 버렸다.

나라 없는 설움에
분노와 울분을 삭히는 그해 가을
군홧발에 짓밟혀 팽개친 목화밭에
고구마가 넝쿨째 줄줄이 딸려 나온다.

일본 항복 선언에
꿈만 같았던 해방이 찾아왔고
고구마가 넝쿨째 딸려오듯 마을에도
보국대에 끌려갔던 사람들도 돌아왔다.

해방의 기쁨은
잠시일 뿐 또 다른 허탈 속에 살아왔다.
왜놈 앞잡이 면작계 직원과 친일파들은
적산가옥 부여받아 떵떵거리며 잘살고
온몸으로 묵묵히 저항했던 가는개 마을 사람들은
지금도 목화밭에 고구마 심어
넝쿨째 딸려올 고구마를 꿈꾸고 있다.

가는개 마을

김순철

가는개와 가느니고개, 점심고개 !
그 아름답던 토박이말
한자 이름 세포와 세포곡에 약탈당하고
무수한 겨울 철새 거느렸던 갈대밭 염막개는
온갖 쓰레기와 굴 껍데기 수없이 독식한 대가로
영양가 없는 벌거벗은 땅 몇 평 내놓았다

가는개 입구 옹기골 영어를 잘했던 거지 할배
해진 검은 코트에 양철그릇 수없이 달고
이곳저곳 동냥 다니던 할배는 언제 어디로 갔을까
흙 속에 묻힌 깨진 검은 옹기 몇 조각에서
그 평화롭던 할배의 얼굴을 본다
옹기쟁이, 대장쟁이, 삿갓쟁이, 소반쟁이, 양복쟁이,
통쟁이, 챙이쟁이, 속캐쟁이, 양태쟁이
동네 곳곳에서 일류만 만들던 장인들
옹기골, 대장간, 기와공장, 소달구지 만들던 집,
발길 닿는 곳마다 쟁이들의 숨소리 들리나니

외할아버지 제사 지내러 다니던 그 골목길 아직도 변함없고
사시사철 번갈아 꽃피고 새 우는 보석 같은 곳
광바우, 무덤골, 한길, 쇠똥박길, 큰 마을,
골골마다 오순도순 어깨 맞대고 사람 냄새 맡으며
법보다 순리대로 살아가는 어진 사람들
달빛 따라 들고나는 코발트빛 갯문가에
배 띄워 세월 낚고
실핏줄 같은 골목길에 생기 불어넣어
근사한 이야기 만들면
금방이라도 마을 떠났던 사람들
연어처럼 되돌아오리라

선비정신 양태장인

김종현

갓 만드는 작업을 갓일이라고 하며
갓일을 하는 사람을 입자장笠子匠이라고 한다.
갓일은 세부분 분업으로 이루어져
양태부분과 총모자 부분이며
그것을 조립하여 한 틀의 갓이 완성된다.

갓양태 부분을 만드는 사람을 양태장凉太匠이라 하고
총모자 부분을 만드는 사람을 총모자장이라고 하며
그 두 부분을 조립하는 사람을 입자장이라 불렀다.

구한말부터 해방 전까지 우리 마을 신평조 어른이
양태장 일을 해오며 통제영12공방 입자방에 납품했으리라

갓의 역사는 신라시대부터 기원하며
갓은 우리 민족 계급문화의 상징이고
갓은 품위와 청렴의 선비정신이기도 하다.

양태장 신씨 어른은 손길은 장인정신이고
머리와 가슴은 갓의 정신을 실천했다.

일제강점기시절 만세운동이 일어날 때
민족상징인 갓을 쓰고 하얀 도포자락 휘날리며
통영만세운동 대열에 목이 터져라 만세를 부르다
왜경이 뿌린 빨강 잉크가 흰 도포자락에 핏빛으로 물든 흔적이 발각되어
옥고를 치른 애국정신에 빛나는 자랑스러운 우리 마을 어른이다.

똥장군과 플라스틱통

박병주

바닷길 걷다가 조류 따라 흘러온
쓰레기 더미에 눈살을 찌푸리다
플라스틱통 하나 건져 본다.

손잡이가 부러졌지만 아직은 쓸 만하다
이것이 물질문명의 산물인가 푸념하며 옛날 생각해본다.

똥장군 태 닳아 터지면 일그러진 나무 조각들
주워놓고 통쟁이가 오기를 기다렸다.

통~ 메이소~ 물통, 새우젓통, 똥~장군 메이소,
대를 이어 산을 넘고 둑을 건너 통쟁이의
구수하게 외치는 소리 노랫가락처럼 마을에 울려 퍼진다.

옛날에는 가난했지만 일그러진 똥장군에
세태를 메워 행복을 담았고 지금은 풍요롭지만
썩지 않는 플라스틱통에 환경오염이라는 불행을 채우고 있다.

수리비가 없는 날에는 보리나 콩, 강냉이로
대신하던 그 시절 통쟁이가 그리워진다.

기왓장 흔적 보며

손수열

옛날, 부잣집에서나
기와집 지었다는데
농어민 살고 있는
가는개 마을에
기와 공장 있었으니

생계수단 떠나
'기와 한 장 아껴서 대들보 썩는다.'
속담 거울 삼아

대들보 썩지 않는
기와집 지어 대대손손
천년만년 살고 지자
기와공장 있었을 것이다.

우리 마을 대장간

손수웅

자식 같은
호미, 칼, 낫 짐자전거에 싣고
집집마다 마을마다
대代를 이어 배달하던 대장쟁이
싸구려 중국산에 밀려 기억 저편으로 사라지고
생명을 불어넣던 대장간은
도로확장사업으로 시커먼 아스팔트 되어
숨 가쁜 자동차 빵빵거리며 달린다.

불꽃을 이글거리며
후끈 달아오른 화덕
쇳덩어리에 시뻘겋게 열 오르고
생명을 불어넣기 위해 쉼 없는 망치질
쇠를 물에 식힌 뒤 다시 열을 가하고
담금질 반복으로 살아나던 쇳조각들
어디서 볼 수 있을까.

이급재 쌍무덤

신석주

범왕산 자락 재 중턱
널따란 띠밭 명당에
나란히 누워 있는 오래된 쌍무덤은
후손들이 두 번이나
장원급제하여 벼슬길에 오르니
사람들은 재 이름을 이급재라 불렀다.

명당이라곤 하지만
그곳은 울도 담도 없이
열려 있는 마을의 놀이터
아이들이 소를 먹이고 소풍 와 밟아도
무덤은 수년을 한결같이
미소 짓는 얼굴로 넉넉히 받아 준다.

이급재 주위 다른 호사스러운 무덤은
철옹성 같은 돌담에 싸여 수년을 누워 있는데
후손들이 아직은 잘되었다는 소문을 못 들었다.

당산제堂山祭 정신으로

신성안

자연부락의 오랜 전통으로
일제강점기 시대에 민족정신말살 정책에도
항거하며 우리 민족의 끈질긴 마을 축제

우리 마을도 음력 섣달그뭄 삼 일 전부터
마을 우물에 금禁줄을 치고 그믐날 밤
샘물을 떠서 정월 초하루 새벽까지
풍농, 풍어를 비는 산제山祭를 올렸다.

세월이 흐르고 세상의 편리함에 서로 제주祭主에
선출되기를 꺼려 하고 제주祭主에 선출되면
산제山祭 후 일 년간 모든 행동거지를 조심해야 하는
희생정신이 요구되기 때문에 제주祭主를 강요할 수 없는 현실이지만
산제의 전통을 이어가기 위해 사찰의 스님을 모셔와 지내고 있다.

앞으로 우리 마을 '색깔 있는 쟁이 이야기' 축제祝祭를
만들어 당산제堂山祭정신을 계승하고
제주祭主의 마음가짐으로 마을 주민과 함께하는
'가는개 농어촌체험마을'로 거듭날 것을 다짐해 본다.

돌아오지 않는 옹기쟁이

신정남

거가대교 개통되어 때때로
가덕도 바다를 위를 달린다.

가덕도 앞바다는 낙동강 강물의 유속流速
거센 파도 여객선 오가던 시절엔 뱃멀미는 통과의례

그때를 생각하며 멀리 보이는
바다 응시하면 옹기쟁이 어른이 아른거린다.

돛단배에 옹기와 문어단지 가득 싣고 부산 가다가
가덕도의 거센 파도 풍랑에 난파되어
문어단지와 함께 바다 깊은 곳에 잠든 지 수십 년

아직도 마을 불가마 흔적은 남았는데
돌아올 생각 없이 가덕도 바다 깊은 곳
문어단지 줄줄이 놓아 아직도 문어 잡고 있을까.

사탑死塔과 생탑生塔

신진섭

우리 마을 뒷산 범왕산 옛날 범이 많이 나왔다 하여 범왕산이라 한다.
범왕산 산기슭에 돌로 쌓은 사탑死塔과 생탑生塔이 있었다.

사탑死塔은

소 먹이러 가던 아이가 호랑이가 나타나자 질겁하여 달아나다가 꽃신이 벗겨져 꽃신을 주우려 머뭇거리는 사이 호랑이가 덮쳐 아이를 물어뜯어 먹어치우고 머리통만 남아 뒹굴었다 한다.

그 자리에 마을 사람들은 돌을 쌓아 꽃신과 같은 물질적 욕심에 미련을 두지 말고 하나뿐인 목숨을 잃으면 꽃신이 무슨 소용인들 있으랴, 아이 같은 생각을 하지 말라는 교훈을 담아 죽은 탑(死塔)이라 했을 것이다.

생탑生塔은

평소 풍류를 즐기던 한량 같은 선비가 밤늦게 술에 만취되어 산길을 걷다가 쏟아지는 잠을 이기지 못해 범왕산 산기슭에서 곤드레만드레 잠이 들었고 그때 호랑이가 나타났는데 선비가 가만히 있자, 호랑이는 어슬렁거리며 물이 흐르는 냇가 쪽으로 갔다고 한다. 아마도 죽었는지 살았는지 확인하기 위해 꼬리에 물을 묻히려 냇가로 갔을 것이다.

무언가 기척 소리에 선비는 눈을 떠보니 저만치 가는 호랑이를 보고 정신이 번쩍 들어 일어나 마구 뛰어서 눈앞에 보이는 나무 위로 올라가 나무둥치를 붙잡아 안았는데 언제 날아왔는지 호랑이가 나무 위로 벌떡 뛰어오르는 순간 선비는 나무 둥치를 안은 채 기절해버렸다고 한다.

호랑이는 죽은 것은 먹지 않는 습성을 가지고 있기에 기절한 선비는 뒷날 아침 산길을 따라 저잣거리 가는 사람들에게 발견되어 살아났다고 한다.

마을 사람들은 그 자리에 돌을 쌓아 나무둥치만 붙잡고 살아난 선비를 생각하며 무책이 상책이라는 옛사람들의 지혜와 교훈을 돌로 쌓아 산탑〔生塔〕이라 했을 것이고 범이 자주 나타난다고 조심하라는 뜻도 담아 쌓았을 것이다.

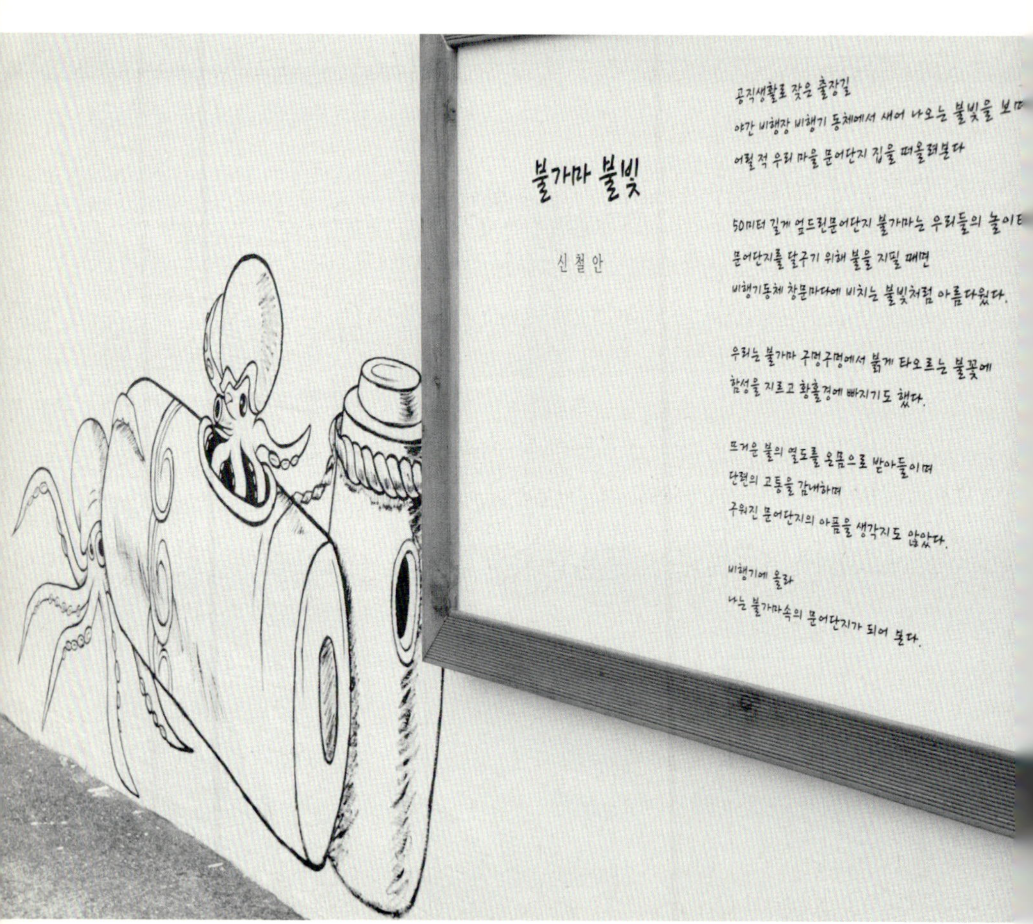
불가마 불빛
신철안
공직생활로 잦은 출장길
야간 비행장 비행기 동체에서 새어 나오는 불빛을 보
어릴적 우리 마을 문어단지 집을 떠올려본다
50미터 길게 엎드린문어단지 불가마는 우리들의 놀이
문어단지를 달구기 위해 불을 지필 때면
비행기동체 창문마다에 비치는 불빛처럼 아름다웠다.
우리는 불가마 구멍구멍에서 붉게 타오르는 불꽃에
함성을 지르고 황홀경에 빠지기도 했다.
뜨거운 불의 열도를 온몸으로 받아들이며
단련의 고통을 감내하며
구워진 문어단지의 아픔을 생각지도 않았다.
비행기에 올라
나는 불가마속의 문어단지가 되어 본다.

불가마 불빛

신철안

공직생활로 잦은 출장길
야간 비행장 비행기 동체에서 새어 나오는 불빛을 보며
어릴 적 우리 마을 문어단지 집을 떠올려본다

길게 엎드린 문어단지 불가마는 우리들의 놀이터
문어단지를 달구기 위해 불을 지필 때면
비행기 동체 창문마다에 비치는 불빛처럼 아름다웠다.

우리는 불가마 구멍구멍에서 붉게 타오르는
불꽃에 함성을 지르고 황홀경에 빠지기도 했다.

뜨거운 불의 열도를 온몸으로 받아들이며
단련의 고통을 감내하며 구워진 문어단지의
아픔을 생각지도 않았다.

비행기에 올라
나는 불가마 속의 문어단지가 되어 본다.

그림쟁이 되라고

신현욱

우리 할아버지는
우리 마을을 쟁이마을이라고
늘 말씀하십니다.

물웅덩이에 노는
소금쟁이 마을인가 생각하고
그게 우리 마을의 무슨 자랑인가 싶었습니다.

어느 날
쟁이는 기술자, 전문가를 뜻한다고
장인정신을 설명해 주시며, 그러고
너는 커서 어떤 사람이 될래? 합니다.

나는 넓은 마당에 잔디 깔고
하얀 벤치와 하얀 대문이 있는
그런 집을 짓고 싶다고 했습니다.

할아버지는 '그럼 건축가가 되고 싶은 거로구나'
하며 미술공부와 여러 가지 공부를 많이 해서
그림쟁이가 되라고 합니다.

항상 제가 그린 그림을 칭찬해 주는
할아버지 마음을 이제는 알 것 같습니다.

나의 아버지 챙이 쟁이

이덕영

나의 할아버지는 진주에서 참판을 지내다가
일제강점기 몰락한 양반으로
통영으로 내려와 가는개 마을에 정착하여
전주 이씨 왕손의 긍지로 선비 행세를 하며
가난을 훈장처럼 끌어안고 사시다가
아버지가 13살 되던 해에 돌아가셨다.

땅 한 평 논 한 마지기 없는 가난한 집안에 졸지에
가장이 된 아버지는 가족을 부양하고 생계를 유지하기 위해
돈을 벌 수 있는 일을 궁리하고 있을 때
삿갓쟁이 영감(배성모)님의
권유로 대(竹)를 다루는 일을 배웠다.

아버지는 어린 시절부터 대나무를 다루는 솜씨는
가히 신동에 가까워 마을 사람으로부터
칭찬을 한 몸에 받으며 성장하여
결혼을 하고 가정을 꾸렸다.

어머니는 아버지가 만든 대나무로
만든 쳉이(키)와 보살바구니, 광주리, 소쿠리를
하늘 높이 머리에 이고 통영장날에 내다팔며
평생을 대나무와 함께 웃고 울다 살고 갔다.

나도 쟁이의 후손답게 통영 '나전칠기' 를 익혀
승승장구하다가 산업화 물결에 휩싸여
어려운 생활 속에 도둑질 빼고 온갖 일을 하면서
가난을 훈장으로 여기고 살아가고 있다.

나의 아버지
챙이 쟁이
이 덕 영

쟁이 마을

이두오

산양읍 관문 가는개 마을
고개 밑 여러 숲에 둘러싸여 꽃대궐 이루고
가느다란 바닷길 바라보며 담뱃대 입에 물어
휴식 취하던 점심고개는 아스팔트 신작로 굽잇길 되고
옛 가마길 따라 내려가면 쟁이들의 이야기 묻혀 있다.

가는 이 전설은 애잔하게 전해져오고
월성 정씨 영세불망비 사연과 산제터, 용왕샘, 빨래터 흔적,
김형근 화백 살던 집은 남아있어도

옹기쟁이, 대장쟁이, 삿갓쟁이, 소반쟁이,
기와쟁이, 통쟁이, 챙이쟁이,
솜쟁이, 양태쟁이, 소달구쟁이, 양복쟁이
가난한 쟁이들의 삶과 흔적은 문명의 뒤안길로 사라졌다.

사라진 쟁이들의
그리움과 아쉬움을 담아
시와 산문을 만들어 문학집을 발간하고
'영세불망비' 전설을 극화하여 무대에 올렸다.

이제는 풍류를 아는 글쟁이, 굿쟁이 문화마을로 거듭나겠다.

용왕龍王샘

이상권

아무리 가물어도 용왕수龍王水처럼 철철 넘친다 해서
우리네 조상들은 마을 우물을 '용왕龍王샘' 이라 이름 지어
생명과 풍요의 원천元泉으로 삼았다.

정월 초하루 당산제堂山祭를 지낼 때면
섣달그믐 삼일 전부터 우물 주위에 금禁줄을 치고
물을 떠서 정화수井華水를 올리는 신성한 신앙神仰의 대상이었고

정화수를 사용하기 위해 금禁줄을 쳐놓았던 날
어느 아낙네가 물을 길었는데 남편이 돌아갔다는
우연한 사연을 담은 샘은 규범과 교훈의 교육장이기도 하다.

그 옛날 아낙들이 모여 온갖 수다로
소통과 정보의 광장이었는데

이제는 아무도 찾지 않아 깊은 잠에 빠져들어
고요한 침묵 속에 천년의 역사를 삭히며 고여 있다.

가뭄에 용왕수龍王水의 위용位容을
자랑하며 쏟아 내고 있지만
오늘도 용왕수는 마을 사람들의 삶 속에
용솟음치며 꿈틀거리고 싶어 한다.

목화와 솜털집

이장완

목화는 흰색 꽃을 피운 뒤
불그스레한 색으로 변해 떨어지고
다래를 형성하여 두어 달 지나
하얀 꽃, 솜털을 터뜨린다.

한 번은 자신의 꽃을 피우고
두 번째 피는 꽃, 솜털은
사람들을 위해 피어오른다.

솜털집 어른도 그랬다.

일제강점기 시절
면화棉花도 공출 품목이라
낮에는 자신을 위해 부채를 만들고
밤에는 우리 위해 숨죽이며 솜털기계를 돌렸다.

목화를 닮아 솜털처럼 고운 어른은
오래전 팔을 다쳐 접골이 잘못돼
굽어진 팔은 권총 싸는 모습과 흡사해
마을 사람들은 권총잡이 사나이라고 불렀다.

공출관리가 지나갈 때
솜털집 어른이 팔을 올리면 권총 싸는 모습에
울분을 삭히고 웃음을 참지 못했다는 일화는
우리 마음에 오래도록 남아 있다.

행복 파는 부자마을로

이장윤

나의 아버지는
소달구지 만들고 수리하며
사람과 짐을 날랐던 소달구쟁이.

요즘 같으면 제조와 정비, 운송을 겸한
자동차그룹으로 부자로 살 만도 했는데
지게 짐 나르고 짚신 삼아 걸었던 시절
인기는 있었지만 넉넉지 못한 생활

우리 마을에 나의 아버지를 비롯해
오래도록 기억하는 쟁이도 많지만
꺾꽂이, 접붙이기, 교배 등 나무 키워 가꾸어
아름다운 꽃과 탐스러운 열매를
장날에 내다파는 숨겨진 꽃나무쟁이,
교장을 지낸 '신철안' 선생 부친도 있었다.

어릴 적이라 나무 이름은 모르지만
돌이켜보면 첨단 '유전자공학' 이었으리라,

오늘의 우리 마을은
매실, 복분자, 유자 등 유실수와
종려나무, 팔손이, 남천 등 관상수로
농가소득을 올리는 일은 우연이 아니다.

가난했지만 자연을 사랑한
쟁이들의 혼魂을 이어받아
사시사철 꽃 피고 열매 맺는
색깔 있는 쟁이 이야기 만들어
행복 파는 부자 마을로 거듭나고 싶다.

가난한 가슴의 숨결

이한갑

나전칠기 전성기 시절
통영에 400여 개의 공장이 있었는데
이제는 전무하다시피
나를 비롯해 몇몇이 명맥을 유지해오고 있다.

나전칠기와 웃고 울며 살아온 지 50여 년
전업을 생각해 봤지만 배운 도둑질이라곤
나전칠기밖에 없기에 오늘도 백골집을 드나들며
나무건조 상태를 확인한다.

백골의 나무가 잘 건조되지 않으면
아무리 갈고 닦아 자개를 영롱하게 수놓아 칠을 한다 해도
세월이 지나면 기분 나쁜 소리와 함께 비틀어진다.

옛사람들은 한밤에
장롱이 삐거덕 소리가 나면 귀신이 운다고 굿을 하거나
재수 없다 하여 내다버리기도 했다.

이렇듯 한번 만든 제품은
예술작품같이 대대손손 대물림되는 것이 나의 지론이며
어릴 적 내가 보고 자란 우리 마을 어른들의 장인정신이기도 하다

오랜 세월이 흘러도
그 옛날 장인들이 만든 물건들은 지금도 사용하고 있지만
산업화된 공장, 대량으로 쏟아내는 화려한 겉모양과 편리한
제품들은 환경문제를 걱정하게 이르렀다.

기업에서 만든 제품은 이윤과 탐욕을 담아
쓰레기 되어도 썩지 않고 환경오염을 유발하지만
가난한 가슴의 숨결로 만들어진 장인들의 물건은
사람들의 삶과 함께 숨 쉬며 살다가 자연으로 돌아간다.

소달구지 추억,
만들고 싶어라
정성재

소달구지 추억

정성재

이젠 동화 속의
풍경으로 남아 있는 소달구지
농촌에서 두엄 낼 때
추수 때, 방앗간 갈 때
농사지을 때 쓰임새가 다양했던 소달구지

학교 길에
소달구지 만나 싱글벙글 웃고 있으면
'너그들 타고 싶제' 하며 태워 주던 너털웃음의 할아버지
비포장 길 덜컹대던 소달구지는 운송의 발달로
추억 속으로 사라지고, 느림의 미학마저 사라졌다.

우리 마을엔
소달구지 만들던 옛집만 남아
여물 먹는 소는 음~메 하며 달구지, 그리워하는데
소달구지 바퀴들은 마을 떠나
민속촌, 장식용으로 전시되고 있다.

바퀴는 굴러야 제 맛인데
사라진 소달구지 추억 꺼내어
박제된 장식용이 아닌 살아 움직이는 체험장 만들어
숨 가쁜 현대를 살아가는 사람들에겐 추억과 느림의 미학을,
아이들에겐 학습장, 마을엔 관광상품으로
새로운 추억의 장場 만들고 싶어라.

우리 마을 빨래터

최영자

널따란 멍석바위 위로 흐르는 물
여름엔 손 시리고 겨울이면 온천 같은
우리 마을 빨래터

산더미 같은 빨랫감 머리 이고
가슴엔 이야기보따리 가득 담아 모여드는
우리 마을 빨래터

빨랫감 주무르며 입방아 찧어 웃고
빨랫방망이로 두들겨 패서
시어매, 시누이를 한방에 날려보내던
우리 마을 빨래터

흰 빨래 희게 씻고
검은 빨래 검게 씻어
가슴에 맺힌 응어리마저 씻어주던
우리 마을 빨래터

지금은 새마을 포장으로
삶의 애환, 파란의 역사도
시멘트에 질식되어 묻혀진
우리 마을 빨래터

이제는 길옆에 조용히 자리 잡고
시멘트 네모수항 흔적 만들어
산기슭 따라 내려온 가냘픈 물줄기는
플라스틱 대롱 타고 추억 되어 흐르네.

나붓등, 금궤金櫃 그리고 비석碑石

추연선

옛적 우리 마을에
방배로 방질하며 생계를 이어가는 사람이 있었다.

부친이 돌아가도
반반한 묏자리조차 쓸 수 없이 가난하여
아무도 묘를 쓰지 않는 '나붓등' 에
초라하게 흙으로 덮어 놓았다.

세월이 흐르고 변함없이
방배를 타고 방질을 하던 어느 날
그물에 걸려든 금金궤를 건져 올렸다.

졸지에 부자가 된 그 사람은
'나붓등' 묏자리가 명당이라 생각하여
부친의 은덕을 기리기 위해 묏자리를
봉분과 돌비석을 세워 새로이 단장하고
정치망定置網, 들망을 비롯한 어장사업으로
어장애비로 거듭나며 승승장구해갔다.

지반이 약한 나비 꽁지부분에
세워진 비석은 세월의 무게와 함께 내려앉아
파도에 휩싸여 물속에 가라앉았다.

그때부터 우연의 일치인지는 몰라도
어장은 고기가 들지 않아 빚더미에 시달리다
그 사람은 패가망신하여 마을을 떠났다.

지금도 나붓등에 초라한 묘 자욱이 있고
사상누각砂上樓閣이라는 교훈을 간직한 채
비석은 마을 바다 속에 잠들어 있다.

*나붓등(나비동산 · 호접등) : 산양면 세포마을에 있는 산. 두 산등성이의 가운데가 잘룩하게 연이어진 형세가 마치 나부(나비)처럼 생긴 것에서 유래했으며, '호접등胡蝶嶝' 은 한자 지명이다.

가는개마을의 노래

색깔과 이야기가 있는 가는개 공동체문화마을 시집

펴낸날 | 2014년 8월 20일

펴낸곳 | 통영연극예술축제위원회

편집위원장 : 장영석 **기획** : 제상아 **사진** : 장천석

편집위원 : 장창석, 이상철, 박승규, 이규성, 제상아, 가는개마을 주민들

주 소 | 경남 통영시 중앙로 152(중앙동)

연락처 | 055)645-6379

홈페이지 | www.bsg.or.kr

이메일 | asea99@hanmail.net

만든곳 | 도서출판 경남

주 소 | 경남 창원시 마산합포구 몽고정길 2-1

연락처 | 055)245-8818~8819

홈페이지 | www.gnbook.com

이메일 | gnbook@empas.com

등 록 | 제567-1호(1985. 5. 6.)

편집팀 | 오태민 | 심경애 | 구도희

ISBN 978-89-7675-920-7-03810

*이 시집은 경남문화예술진흥원 한국문화예술위원회 경상남도 에서 지원받아 만든 책입니다.

〔값 10,000원〕